JN425887

20
메두사를 이긴 페르세우스

주니어RHK

신화의 가치

신화는 한 민족의 기원이나 역사적 · 종교적 · 문화적 삶의 모습을 보여 주는 옛이야기입니다. 주로 신과 영웅에 관한 이야기가 많고, 오랫동안 입에서 입으로 전해 내려왔다는 특징이 있지요.

우리가 살펴볼 그리스 로마 신화는 고대 그리스와 로마에 전해 오는 신화와 전설을 한데 묶은 것입니다. 그리스 로마 신화는 고대의 삶을 엿보게 해 주는 문화유산일 뿐만 아니라, 세계 여러 나라의 문학과 미술에 큰 영향을 끼쳤습니다. 하지만 문화적 가치만큼이나 중요한 것이 또 있습니다. 오래된 옛이야기이면서도 거기에 담긴 교훈적 가치가 오늘날에도 여전히 쓸모 있고 중요하다는 사실입니다.

놀랍지 않나요? 수천 년 전의 이야기가 어떻게 과학 문명이 고도로 발달한 오늘날에도 통하는 것일까요? 그것은 바로 그리스 로마 신화에 나오는 신과 영웅의 모습이 오늘날 우리의 모습과 다르지 않기 때문입니다. 신들도 우리처럼 분노하고, 질투하고, 실수를 하지요. 그런 모습을 보면서 우리는 깔깔 웃거나 눈물을 흘리고, 교훈과 감동을 얻습니다. 우리가 그리스 로마 신화를 읽어야 하는 까닭이 바로 이것입니다.

신화의 세계로 떠날 여러분에게 한마디 덧붙이자면, 신화는 우리에게 끝없는 상상력을 요구한다는 점입니다. 신화 속에는 수많은 은유와 상징이 곳곳에 널려 있지요. 따라서 신화를 읽을 때에는 상상력을 최대한 발휘하여 신화 속에 숨겨진 의미를 찾고, 그것을 자기 나름대로 재해석하는 과정이 필요합니다. 이렇게 읽었을 때에야 비로소 여러분 앞에 놀라운 삶의 이야기가 펼쳐질 것입니다.

자, 그럼 흥미진진한 신화의 세계 속으로 함께 떠나 볼까요?

폴리덱테스 왕은 페르세우스를 떼어 버리고 다나에 공주와 결혼하기 위해
페르세우스에게 메두사의 목을 베어 오라고 명령합니다.
페르세우스는 망설이지 않고 무작정 길을 떠납니다.
과연 페르세우스는 괴물 메두사를 물리칠 수 있을까요?

주요 등장인물

⚜ 제우스 ⚜

신들의 왕이에요.
하늘에서부터 땅에 이르기까지
모든 것을 다스려요.
다나에와의 사이에서 낳은 페르세우스
를 위험에서 도와줘요.

⚜ 메두사 ⚜

원래는 아름다운 처녀였으나
그것을 뽐내다가 머리카락이
뱀으로 변하며 괴물이 되었어요.
고르곤 세 자매 가운데 막내예요.

⚜ 그라이아이 세 자매 ⚜

태어날 때부터 백발의 노파였고,
지독한 냄새를 풍기는 괴물이에요.
하나의 눈과 이를 돌려 가며 써요.

⚜ 헤르메스 ⚜

제우스의 아들로,
페르세우스에게 자신의
날개 달린 신발과
아레스의 칼을 줘요.

⚜ 페르세우스 ⚜

다나에와 제우스의 아들로
순진하고 용감한 청년이에요.
여러 신의 도움으로
흉측한 메두사를 무찔러요.

⚜ 아테나 ⚜

제우스의 딸로,
전쟁과 지혜의 여신이에요.
페르세우스에게
자신의 청동 방패를 줘요.

1
메두사 이야기

"으아악!"

메두사는 거울을 보고 깜짝 놀라 비명을 질렀습니다.

온몸과 얼굴은 흉하게 바뀌고,

머리카락은 한 올 한 올 살아 움직이는 뱀이 되었습니다.

페르세우스는 메두사를 물리치기 위해 길을 떠났습니다. 칼과 활을 챙겨서 무작정 떠난 것입니다. 하지만 메두사가 어디에 있는지, 메두사가 어떤 괴물인지도 잘 몰랐습니다. 페르세우스는 길을 가다가 만나는 사람들에게 물었습니다.

"메두사가 사는 곳을 아십니까?"

"메, 메두사? 그 괴물은 왜 찾으려는 건가?"

"저는 메두사의 목을 베어 가야 합니다."

"젊은이, 정신이 있는 건가? 메두사는 그 얼굴을 보기만 하면 돌로 변하는 무서운 괴물이야. 그러니 살고 싶으면 얼른 돌아가시오!"

사람들은 메두사의 이름만 들어도 벌벌 떨었습니다. 모두 페르세우스를 말렸습니다. 그만큼 메두사는 엄청나게 무시무시하고 두려운 괴물이었습니다.

제우스는 메두사에 대해 아무것도 모르고 의욕만 넘치는 페르세우스가 걱정되었습니다.

메두사는 괴물 고르곤 세 자매 가운데 막내입니다. 두 언니는 스테노와 에우리알레인데 죽지 않는 몸이었습니다. 길고 뾰족한 송곳니에 온 몸이 무섭고 징그러운 비늘로 덮여 있었습니다. 그러나 *흉악하고 *괴기스럽기로 치면 메두사가 *단연 으뜸이었습니다.

사실 메두사는 처음부터 그렇게 흉악하게 생긴 괴물은 아니었습니다. 원래는 두 언니와는 달리 무척이나 젊고 아름다운 처녀였습니다.

“내가 봐도 난 참 예쁘단 말이야!”

***흉악하다** 모습이 보기에 언짢을 만큼 고약하다.
***괴기스럽다** 괴상하고 기이한 데가 있다.
***단연** 확실히 단정할 만하게.

메두사는 자신의 아름다움을 무척이나 자랑스럽게 여겼습니다. 날마다 거울을 들여다보며 그 아름다움에 취해 지냈습니다.

메두사의 언니들

메두사의 언니 스테노는 '강한 자'라는 뜻이고, 에우리알레는 '멀리 뛰는 자'라는 뜻입니다. 고르곤 자매들 중 메두사가 가장 성격이 포악하고 위험했지만, 죽지 않는 몸은 아니었어요. 하지만 두 언니는 죽지 않는 몸이라 페르세우스가 아무리 신들의 도움을 받더라도 두 언니를 죽일 수는 없었답니다.

어느 날, 메두사는 자기의 아름다움을 뽐내다 못해 여신들을 업신여기기 시작했습니다.

"내 부드러운 머리카락 좀 봐. 정말 탐스럽지 않아? 어떤 여신도 나보다 아름답지 못할걸? 아테나 여신 좀 봐. 지혜의 여신이면 뭘 해? 내가 백배는 예쁜걸!"

"메두사 너 그렇게 아름다움을 뽐내다가 여신들한테 혼나면 어쩌려고 그래?"

두 언니는 자만심에 빠져 있는 메두사가 걱정되었습니다.

"사실을 말했을 뿐인걸."

*일쑤 흔히 또는 으레 그러는 일.

메두사는 그 뒤로도 여신들을 무시하기 *일쑤였습니다. 아테나가 몇 차례 경고를 했음에도 불구하고 아랑곳하지 않았습니다.

마침내 아테나는 더 이상 참을 수 없었습니다.

"뭐라고? 네가 여신들보다 아름답다고? 메두사, 너무 건방지구나."

화가 머리끝까지 난 아테나는 메두사를 혼내 주기로 했습니다.

"메두사! 너에게 돌이킬 수 없는 큰 벌을 내리노라!"

아테나는 메두사의 아름다움을 거두고, 보기 흉측한 괴물로 만들었습니다.

“으아악!”

메두사는 거울을 보고 깜짝 놀라 비명을 질렀습니다. 온몸과 얼굴은 흉하게 바뀌고, 머리카락은 한 올 한 올 살아 움직이는 뱀이 되었습니다.

“아테나 여신님, 잘못했어요. 제발 원래대로 돌려주세요!”

메두사의 애원에도 아테나는 꿈쩍하지 않았습니다. 메두사는 평생 끔찍한 괴물로 살 수밖에 없었습니다.

변해 버린 메두사의 얼굴이 어찌나 무시무시한지 그 얼굴을 보기만 하면 누구든지 그 자리에서 돌이 되어 버렸습니다. 메두사는 사람들의 눈을 피해 동굴에 숨어 살았습니다. 성격은 점점 더 못돼졌습니다. 두 언니보다 훨씬 포악했지요. 메두사를 이길 수 있는 사람은 아무도 없었습니다.

폴리덱테스 왕이 페르세우스에게 메두사의 머리를 가져오라고 한 것은 돌이 되어 다시는 돌아오지 말라는 뜻이었습니다.

2
신들의 도움을 얻다

페르세우스는 무엇이든 한 번에 자를 수 있는 다이아몬드 칼과 하늘을 나는 신발,
거울처럼 번쩍이는 방패에 모습을 감출 수 있는 투구까지 얻었습니다.
"메두사는 어디에 있죠? 당장이라도 무찌를 수 있겠어요!"

페르세우스는 메두사에 대해 잘 몰랐습니다. 사람들의 이야기를 듣고, 그저 무서운 괴물이라는 것만 *짐작했을 뿐입니다. 메두사를 찾으려고 이곳저곳 돌아다녔지만 도무지 찾을 수가 없었습니다.

그 모습을 지켜보던 제우스는 더는 두고 볼 수가 없었습니다.

"페르세우스. 네 용기는 높이 사지만 지금 이대로는 메두사를 이길 수 없을 게다."

제우스는 아테나와 헤르메스를 불렀습니다.

*짐작 사정이나 형편 따위를 어림잡아 헤아림.

“너희가 가서 페르세우스를 도와주거라.”

“네, 걱정 마세요!”

아테나와 헤르메스는 페르세우스를 찾아 인간 세상으로 내려갔습니다.

아테나와 헤르메스는 금세 페르세우스를 찾아냈습니다. 페르세우스는 길을 가다 지쳐 숲에서 잠시 쉬고 있었습니다.

페르세우스는 눈앞에 나타난 아테나와 헤르메스를 보고 깜짝 놀라 칼을 겨누었습니다. 아테나가 말했습니다.

"페르세우스! 그 칼을 거두어라. 나는 아테나다. 제우스 신의 명령으로 너를 도우러 왔다."

페르세우스는 깜짝 놀랐습니다.

"아테나 여신님!"

"너는 어디를 가는 길이냐?"

페르세우스는 그동안 일어난 일을 말했습니다.

"혼자서 메두사를 상대하겠다니, 용감하구나. 하지만 용기만으로는 메두사를 이길 수 없단다."

아테나와 헤르메스는 메두사가 어떤 괴물인지 이야기해 주었습니다.

"메두사를 상대하려면 보통 칼과 활로는 안 돼. 무엇이든 한 번에 자를 수 있는 단단하고 날카로운 칼이 있어야 하지."

헤르메스가 웃으며 말했습니다.

"먼저 이 칼을 받아."

헤르메스는 번쩍번쩍 빛나는 다이아몬드 칼을 페르세우스에게 내밀었습니다.

"이건 무엇이든지 단 한 번에 자를 수 있는 칼이란다. 전쟁의

신 아레스 님 거야.”

페르세우스는 기뻐하며 칼을 받았습니다.

“우아, 정말 멋진 칼이군요! 아레스 님의 칼을 받다니 영광이에요.”

"이 신발도 받아."

헤르메스는 신발 한 켤레를 내밀었습니다. 그 신발에는 신기하게도 날개가 달려 있었습니다.

"이건 내 신발이야. 제우스 님이 나한테 선물로 주신 거지. 이 신발만 신으면 하늘을 마음대로 날 수 있어. 무척 잽싼 녀석이니 메두사를 찾아갈 때나 도망칠 때 쓸모 있을 거야."

페르세우스는 날개 달린 신발을 받아 들었습니다.

"이렇게 귀한 것을 주시다니, 고맙습니다!"

무장을 한 페르세우스

〈페르세우스의 무장〉 알프레드 길버트

페르세우스가 신들이 준 무기를 갖추고 있어요. 아레스의 검을 손에 쥐고 하데스의 투구를 쓰고 있지요. 헤르메스가 건네준 날개 달린 신발을 신기 하다는 듯 바라보고 있어요.

아테나가 *단호하게 말했습니다.

"그것만 가지고는 메두사를 이길 수 없어. 메두사의 얼굴을 보기만 하면 넌 돌로 변할 테니까."

아테나는 청동으로 된 방패 아이기스를 건네주었습니다. 아이기스는 대장장이 신 헤파이스토스가 만든 것으로 벼락을 맞아도 부서지지 않을 만큼 튼튼했습니다. 방패는 또 거울처럼 번쩍거렸습니다.

"그 방패를 들여다보렴."

페르세우스가 방패를 보니, 자신의 모습이 비쳤습니다.

*단호하다 결심이나 태도, 입장 따위가 과단성 있고 엄격하다.

"메두사를 이기려면 이게 꼭 있어야 해. 메두사를 절대로 똑바로 보지 말고, 이 방패에 비친 모습으로만 보아라. 알겠느냐?"

아테나의 *당부에 페르세우스는 고개를 끄덕였습니다.

아테나 여신의 방패 아이기스

이 방패는 원래 제우스의 것이에요. 제우스가 사랑하는 딸 아테나에게 마음껏 쓰라고 허락한 것이지요. 지혜의 여신이자 전쟁의 여신이기도 한 아테나는 무술 실력도 뛰어나서 전쟁이 나면 이 방패를 들고 제우스의 오른쪽에서 용감하게 적을 무찔렀답니다.

*당부 말로 단단히 부탁함. 또는 그런 부탁.

페르세우스는 무엇이든 한 번에 자를 수 있는 다이아몬드 칼과 하늘을 나는 신발, 거울처럼 번쩍이는 방패에 모습을 감출 수 있는 투구까지 얻고 나자 자신감이 생겼습니다.

"메두사는 어디에 있죠? 제아무리 강한 메두사라 할지라도 꼼짝 못할 거예요. 당장이라도 무찌를 수 있겠어요!"

아테나는 엄한 표정으로 말했습니다.

“페르세우스, 한 가지 명심할 것이 있단다. 다른 고르곤 자매들은 절대로 공격해서는 안 돼. 그들은 죽지 않는 몸이라 아무리 신의 무기를 가지고 있어도 무찌를 수 없단다.”

“예, *명심하겠습니다!”

*명심 잊지 않도록 마음에 깊이 새겨 둠.

페르세우스의 대답을 듣고 아테나가 바로 갈 길을 알려 주었습니다.

"먼저 그라이아이 자매를 찾아가거라. 메두사가 어디에 있는지 알고 있는 자들이야."

헤르메스가 덧붙여 말했습니다.

"내 신발이 그라이아이가 있는 곳으로 안내해 줄 거야."

"아테나 님, 헤르메스 님, 고맙습니다!"

페르세우스는 단단히 마음을 먹고 그라이아이 자매를 찾아 하늘로 날아올랐습니다.

3
그라이아이 자매를 만나다

페르세우스는 멀리서 이들을 지켜보다가 가까이
다가갔습니다. 눈을 끼고 있던 그라이아이가 외쳤습니다.
"멋진 젊은이가 이리로 오고 있다."

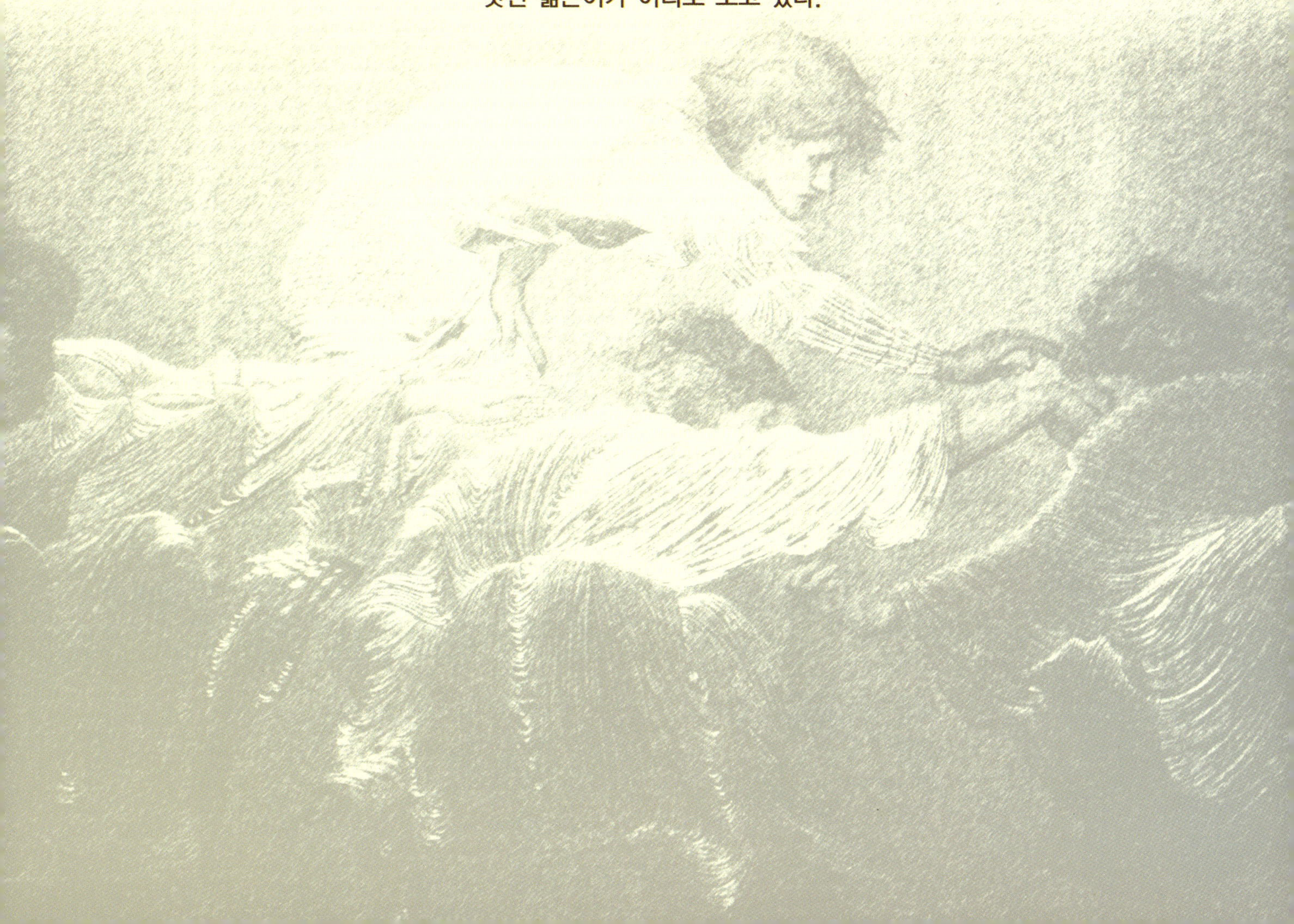

페르세우스는 아테나와 헤르메스가 해 준 말을 마음에 새기며 아프리카의 바닷가로 날아갔습니다. 고약한 냄새가 풍겨 왔습니다. 그라이아이 자매는 아주 지독한 냄새를 풍긴다고 했던 말이 떠올랐습니다.

"옳지, 이 근처에 있나 보군."

페르세우스는 날개 달린 신발을 신고 하늘에서 그라이아이 자매를 찾아보았습니다.

"냄새가 저쪽에서 나는 것 같은데?"

헤르메스의 날개 달린 신발은 페르세우스를 그라이아이 자매가

있는 곳으로 데리고 갔습니다. 고약한 냄새가 더 심해졌습니다. 페르세우스는 코를 틀어쥐고 그쪽으로 날아갔습니다.

드디어 페르세우스는 그라이아이 자매를 발견했습니다. 그라이아이 세 자매는 나란히 앉아 있었습니다.

그라이아이 자매는 태어날 때부터 머리가 하얗고, 얼굴은 쪼글쪼글 주름투성이인 괴물이었습니다.

게다가 셋이 합쳐서 눈과 이가 하나뿐이었습니다. 그래서 자매들은 돌아가면서 눈과 이를 사용하고 있었습니다.

"이번에는 내가 볼 차례야. 어서 눈을 내게 넘겨줘."

이렇게 한 그라이아이가 재촉하면, 다른 그라이아이가 눈을 빼서 넘겨주었습니다.

"조심해. 하나밖에 없는 눈인데 떨어뜨리면 안 돼."

한 명이 눈을 끼우고 있으면 다른 두 명은 앞을 볼 수 없었습니다. 이도 하나뿐이라 음식을 먹으려면 서로 돌아가며 먹어야 했습니다.

페르세우스는 멀리서 이들을 지켜보다가 가까이 다가갔습니다. 눈을 끼고 있던 그라이아이가 외쳤습니다.

"멋진 젊은이가 이리로 오고 있다!"

그라이아이가 눈을 빼서 옆에 있는 그라이아이에게 넘겨주었습니다. 페르세우스는 예의를 갖추어 물었습니다.

"고르곤 자매가 어디에 사는지 알고 있습니까?"

"메두사를 죽이러 가는 거야? 그럼 말해 주기 싫어."

그라이아이 중 한 명이 미리 알아채고 대답했습니다.

그라이아이 자매를 찾아간 페르세우스

〈페르세우스와 그라이아이〉 에드워드 번존스

앞을 보지 못하는 그라이아이 자매가 눈알을 찾아 더듬고 있어요. 그 옆에서 페르세우스가 몰래 그라이아이의 눈을 훔치고 있어요.

페르세우스는 아무렇지도 않게 그라이아이 옆에 자리를 잡고 앉았습니다. 그러곤 간식을 꺼냈습니다.

"이 음식은 이가 없어도 먹을 수 있어요."

"뭐? 정말이야?"

한 그라이아이가 놀라서 물었습니다. 이가 없어도 먹을 수 있다는 말에 다른 그라이아이들도 관심을 보였습니다.

페르세우스는 음식을 세 조각으로 나누어 그들에게 주었습니다. 하지만 그들은 한 손에는 눈을, 한 손에는 이를 들고 있어서 음식을 제대로 먹을 수가 없었습니다.

"드시는 동안 제가 눈과 이를 들고 있을게요."

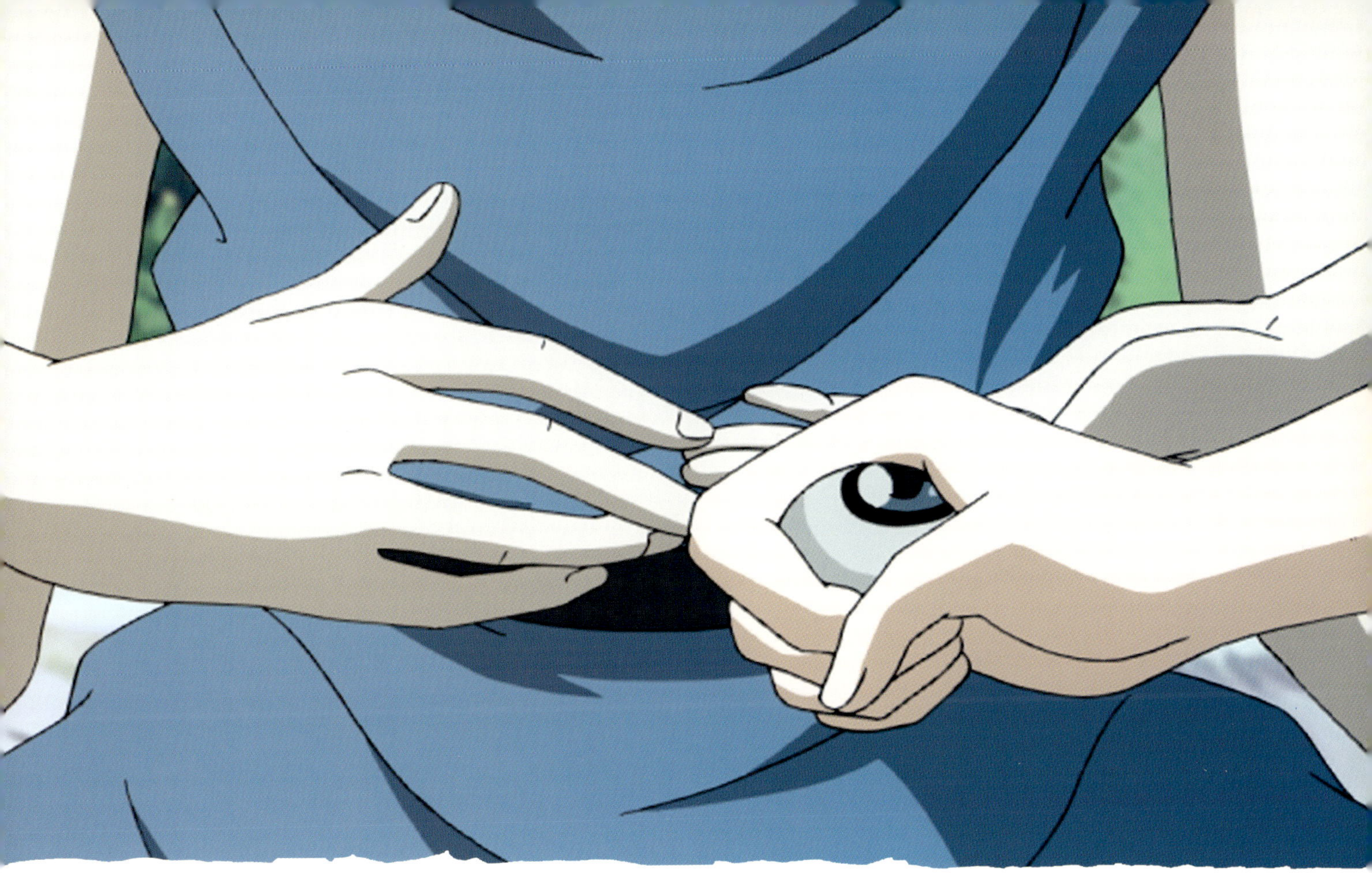

그라이아이는 페르세우스에게 눈과 이를 맡겼습니다.

눈과 이를 받아 들고 페르세우스가 말했습니다.

“자, 이제 고르곤 자매가 어디 있는지 알려 주세요. 그러지 않으면 눈과 이를 돌려주지 않겠어요.”

그라이아이 세 자매는 당황했습니다.

“안 돼! 눈과 이가 없으면 앞을 볼 수 없고 먹을 수도 없어! 얼른 내 놔!”

페르세우스는 꿈쩍하지 않았습니다. 그라이아이 세 자매는 얼굴이 하얗게 질려서는 말을 주고받았습니다.

“아, 어떡하지? 가르쳐 줄 수도 없고, 안 가르쳐 줄 수도 없고.”

"정말 눈을 돌려주지 않으면 어떡해?"

"메두사는 그렇게 쉽게 죽지 않으니 괜찮을 거야."

그라이아이 자매는 고르곤 자매가 있는 곳을 말해 주었습니다. 페르세우스는 이를 돌려주고, 눈은 바다로 던졌습니다.

"으아악, 안 돼!"

그라이아이 세 자매는 깜짝 놀라 눈을 찾으러 바다에 뛰어들었습니다.

그라이아이 세 자매가 바다에 뛰어들자, 숲에서 나던 고약한 냄새가 사라졌습니다. 숲의 님프들은 괴물 그라이아이 자매가 사라진 것을 알고 기뻐서 춤을 췄습니다.

"페르세우스 님, 정말 고마워요!"

님프들은 커다란 마법 자루를 페르세우스에게 선물로 주었습니다.

"이 자루를 드릴게요. 마음대로 늘어나고 줄어들기 때문에 크건 작건 뭐든지 담을 수 있답니다!"

페르세우스는 고맙다는 인사를 하고 다시 길을 떠났습니다.

4
메두사의 목을 베다

페르세우스는 칼로 메두사의 목을 향해

힘껏 내리쳤습니다.

메두사는 피를 흘리며 맥없이 죽고 말았습니다.

페르세우스는 그라이아이 자매가 가르쳐 준 곳으로 부지런히 날아갔습니다. 발 아래로 시커먼 동굴이 보였습니다.

"저 동굴이 메두사가 사는 곳이로군."

페르세우스는 동굴 앞으로 내려갔습니다.

동굴 근처에는 여기저기에 *석상이 서 있었습니다. 하나같이 메두사를 보고 돌이 되어 버린 사람들이었습니다. 한눈에 봐도 오싹한 풍경이었습니다.

'메두사의 얼굴을 절대로 봐서는 안 돼!'

*석상 돌로 된 사람이나 동물의 형상.

페르세우스는 아테나의 당부를 떠올리며 하데스의 투구를 꺼내 썼습니다. 그러자 몸이 투명해져서 보이지 않게 되었습니다. 페르세우스는 방패 아이기스를 들고, 다이아몬드 칼을 단단히 쥐었습니다.

페르세우스는 동굴 안으로 살금살금 들어갔습니다. 번쩍이는 방패를 앞으로 내세워 방패에 비치는 풍경을 살펴보았습니다.

마침 고르곤 세 자매는 잠을 자고 있었습니다.

'다행이다! 절대로 메두사의 두 언니를 깨워선 안 돼!'

페르세우스는 방패를 비추어 고르곤 세 자매 중 누가 메두사인지 살펴보았습니다. 두 언니는 뾰족한 송곳니에 온 몸이 더러운 비늘로 덮여 있었습니다. 그 사이에 가장 흉측하게 생기고, 머리카락이 온통 뱀으로 된 괴물이 보였습니다.

'아, 메두사다!'

페르세우스와 메두사

〈메두사를 죽이는 페르세우스〉 프란체스코 마페이

하데스의 투구를 쓴 페르세우스가 메두사의 목을 치려 하고 있어요.

페르세우스는 메두사의 얼굴을 보지 않도록 조심하면서 살금살금 다가갔습니다. 가까이 다가가자 머리카락 대신 수많은 뱀이 쉴 새 없이 혀를 날름거렸습니다. 모두 무서운 독을 품은 뱀이었습니다. 메두사의 벌린 입으로는 뾰족한 송곳니가 보였습니다. 방패에 비치는 메두사의 모습은 정말 끔찍했습니다.

페르세우스는 마음을 다잡고 다이아몬드 칼을 움켜쥐었습니다.

'한 번에 내리쳐야 해!'

페르세우스는 칼로 메두사의 목을 향해 힘껏 내리쳤습니다. 메두사는 피를 흘리며 맥없이 죽고 말았습니다.

크리사오르와 페가수스

페르세우스가 메두사의 목을 쳤을 때, 메두사가 흘린 피에서 크리사오르와 페가수스가 태어났어요. 크리사오르는 '황금의 칼'이라는 뜻의 말이에요. 날개가 달린 페가수스는 하늘을 나는 말이지요. 과거에 메두사와 포세이돈은 서로 사랑했던 사이로, 크리사오르와 페가수스 둘 다 포세이돈의 자식이라고 해요.

페르세우스는 얼른 얼굴을 돌리고 눈을 감은 채 메두사의 머리를 마법 자루에 담았습니다.

그때 메두사의 두 언니 스테노와 에우리알레가 깨어났습니다.

"으아악! 메두사! 이게 어떻게 된 일이야?"

"누, 누가 이런 짓을……. 아직 멀리 못 갔을 거야!"

두 언니는 화가 나서 주위를 둘러보았습니다. 하지만 페르세우스가 모습이 보이지 않는 마법 투구를 쓰고 있어서 두 언니의 눈에는 보이지 않았습니다.

페르세우스는 날개 달린 신발로 재빨리 날아 동굴 밖으로 빠져 나왔습니다.

고르곤 자매는 큰 소리로 울부짖으며 메두사의 죽음을 슬퍼했습니다.

페르세우스는 고르곤 자매가 있는 동굴에서 멀리 멀리 날아갔습니다. 한참 날다가 잠시 투구를 벗고 쉬었습니다.

"드디어 메두사를 해치웠군!"

폴리덱테스 왕의 명령대로 메두사의 머리를 갖게 되어 페르세우스는 매우 기뻤습니다.

"자, 어서 어머니께 돌아가자! 세리포스 섬으로!"

페르세우스는 사랑하는 어머니가 있는 섬을 향해 날아올랐습니다.

신화 뒷이야기

페르세우스는 아주 특별합니다. 태어나기 전부터 외할아버지가 탄생을 막았지만 제우스와 다나에의 사랑으로 무사히 태어나요. 신과 인간의 사랑으로 태어난 신의 아들이니, 제우스가 가진 남다른 *면모를 페르세우스도 가지고 태어났겠지요.

페르세우스는 태어난 뒤에도 곧 바다에 버려집니다. 왕가의 후손이면서도 편하게 왕실에서 자라는 것이 아니라 힘든 *역경을 겪는 것입니다. 그래도 용감하고 씩씩한 청년으로 자라납니다.

이처럼 신화에 나오는 영웅들은 대부분 신과 인간의 사랑으로 태어나, 절반은 신과 같습니다. 영웅들이 가지고 있는 신의 특징은 처음에는 잘 드러나지 않지만 괴물과 싸우는 과정에서 나타납니다. 그러면서 영웅으로서의 제 모습을 찾아갑니다.

*면모 사람이나 사물의 겉모습. 또는 그 됨됨이.
*역경 일이 순조롭지 않아 매우 어렵게 된 처지나 환경.

이것은 실제로 우리 사람들도 마찬가지입니다. 사람들은 살아가면서 매 순간마다 어려운 선택을 하고, 힘든 일을 이겨 냅니다. 그러면서 자기 자신의 힘을 깨닫게 됩니다. 마치 영웅이 괴물과 맞서 싸우면서 성숙해지고 영웅으로서 자기 모습을 찾아가는 것과 마찬가지이지요.

페르세우스 이야기에서는 그라이아이와 고르곤 자매가 괴물로 등장합니다. 어떤 사람들은 이들이 바다가 주는 공포를 괴물로 표현한 것이라고 합니다. 고르곤은 바다를 지키는 강한 파도이고, 그라이아이는 바위에 부딪치는 흰 물보라라는 것입니다. 그렇다면 페르세우스는 바다가 주는 두려움과 맞서 싸워 이긴 것으로 볼 수 있습니다.

바다에 버려진 페르세우스가 바다의 파도와 싸우고 훗날 바다 괴물과도 맞닥뜨리게 되니, 페르세우스는 정말로 바다와 인연이 깊은 영웅인가 봅니다.

올림포스 신들의 계보

크로노스 + 레아
하데스
지하 세계의 왕
포세이돈
바다의 신
제우스
신들의 왕
헤라
신들의 여왕,
제우스의 아내
헤스티아
난로 · 불의 여신
데메테르
대지의 여신
아테나
지혜 · 전쟁의 여신
제우스 + 메티스
아폴론
의술 · 음악의 신
제우스 + 레토
아르테미스
사냥 · 순결의 여신
아스클레피오스
의술의 신
아레스
전쟁의 신
제우스 + 헤라
헤파이스토스
대장간의 신
제우스 + 디오네
아프로디테
헤파이스토스의 아내,
미의 여신
에로스
사랑의 신
헤르메스
신들의 전령,
상업의 신
제우스 + 마이아
디오니소스
술의 신
제우스 + 세멜레
페르세포네
하데스의 아내
지하 세계의 여왕
제우스 + 데메테르

⚜ 그리스 로마 신화 주요 인물의 이름 ⚜

그리스 어	로마 어	영어
가이아	텔루스	
니케	빅토리아	나이키, 빅토리
데메테르	케레스	세레스
디오니소스	바쿠스	바커스
레아	키벨레	시벨레
아레스	마르스	마스
아르테미스	디아나	다이애나
아테나	아테네, 미네르바	
아폴론	아폴로	아폴로
아프로디테	베누스	비너스
에로스	쿠피드, 아모르	큐피드
오디세우스	울릭세스	율리시스
우라노스	카일루스	유러너스
제우스	유피테르	주피터
크로노스	사투르누스	새턴
페르세포네	프로세르피나	
포세이돈	넵투누스	넵튠
하데스	플루톤	플루토
헤라	유노	주노
헤라클레스	헤르쿨레스	허큘리스
헤르메스	메르쿠리우스	머큐리
헤스티아	베스타	
헤파이스토스	불카누스	벌컨

그리스 로마 신화 올림포스 가디언 20

메두사를 이긴 페르세우스

펴낸이 양원석
펴낸곳 ㈜알에이치코리아
등록 2004년 1월 15일 제2-3726호
주소 서울특별시 금천구 가산디지털2로 53, 20층 (한라시그마밸리)
문의전화 02)6443-8800

ISBN 978-89-255-4428-1(74800)
ISBN 978-89-255-4354-3(세트)

값 **12,800원**

애니메이션 및 캐릭터 저작권 ⓒ SBS, SBS콘텐츠허브, 가나미디어, 동우애니메이션
출판 저작권 ⓒ ㈜알에이치코리아
원작 만화로 보는 그리스 로마 신화(가나출판사)
이광진 엮음, 홍은영 그림
명화 구입처 유로크레온(주)

※잘못된 책은 구입하신 곳에서 바꾸어 드립니다.
※책 모서리가 날카로워 다칠 수 있으니 사람을 향해 던지거나 떨어뜨리지 마십시오.

알에이치코리아 홈페이지와 카페, SNS로 들어오시면 자사 도서에 대한 더 많은 정보와 다양한 이벤트 혜택을 확인할 수 있으며, E-book몰에서는 전자북으로도 만나볼 수 있습니다.

주니어RHK 홈페이지 http://jrrhk.com | **E-book몰(RHK북스)** http://ebook.rhk.co.kr | **북카페** http://cafe.naver.com/randomhousekorea
페이스북 https://www.facebook.com/rhk.co.kr | **트위터** @randomhouse_kr | **유튜브** http://www.youtube.com/randomhousekorea